Der Hauptgottesdienst/ Högmässan

Liturgie der Heiligen Messe/Den Heliga Mässans Liturgi

deutsch / schwedisch / tysk / svensk

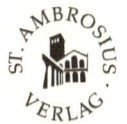

Titel: Hauptgottesdienst/ Högmässan
(*Liturgie der Heiligen Messe/Den Heliga Mässans Liturgi*)
Ausgabe 1: Deutsch/Schwedisch
Herausgeber: Winfried S. Küttner
Die Melodien der Arpker Messe und die der beiden Nunc dimittis sind
urheberrechtlich geschützt.

Satz: Studio Coll'Arco, www.geige.wordpress.com

St. Ambrosius-Verlag, Mönchengladbach 2012

Content ID: 12813160
ISBN: 978-1-291-05623-5

Vorwort..5

Förord...6

Liturgie der Messe/ Den Heliga Mässans Liturgi...8/9

Melodien/melodier

Kyrie..37

Gloria..37

Graduale: Hallelujah...42

Credo...43

Sanctus/Benediktus...46

Agnus Dei..49

Nunc dimittis (nur deutsch/bara tysk)...............................51

Nunc dimittis.. 52/53

Das Apostolische Glaubensbekenntnis 54

Den apostoliska trosbekännelsen 55

Vorwort

Die hier vorgelegte Gottesdienstordnung ist die lutherische (hochkirchliche) Form der Messe. Ihr Ablauf ist der der lateinischen Kirche: Der inzwischen Jahrtausende alte gregorianische Ritus liegt ihr zu Grunde. Ausgangspunkt war die Revision der Kirchen Augsburgischen Bekenntnisses, in Sonderheit die Liturgie der Selbständigen evangelisch-lutherischen Kirche und die St Ansgar-Messe, aber auch das römisch-katholische Messbuch.

Die Melodien zum Kyrie, Gloria, Credo, Offertorium (als Gemeindegesang), Sanctus/Bendictus), Agnus Dei und Nunc dimittis liegen in einer Komposition des Herausgebers vor.

Natürlich sind auch andere Melodien möglich - bis hin zu Taizé-Gesängen.

Aus Urheberrechtsgründen haben wir sie nicht abgedruckt. Sie sind aber leicht aus Taizé selbst zu beziehen (editions@taize.fr.).

Der Gottesdienst kann das Stufengebet beinhalten. Statt des Diakons/ Ministranten wird die Gemeinde einbezogen.

Das Schuldbekenntnis ist durch ein anderes oder durch die Beichte der Gemeine mit Niederknien am Altar und Empfang der Absolution durch Handauflegung ersetzbar.

Zur Erleichterung der Gemeinde sind die von ihr zu singenden Teile fett gedruckt.

Zudem sind Zeichen beigegeben:

Die Gemeinde **G** steht ↑, sitzt △ oder kniet ↓.

P wird vom Pastor (Liturgen) und **G** von der Gemeinde gesungen.

Der * in einem Vers kennzeichnet die Mediatio.

Ich danke Elizabeth Ask und P. Peter Albertsson für die Revision des schwedischen Teils.

Gott der Herr segne, die dieses Büchlein nutzen.
Mons Vini, Dominica Miserikordias 2012

P. Winfried S. Küttner, PhD

Förord

Gudstjänstordningen som presenteras här är den lutherska (högkyrkliga) formen av mässan.
Dess sekvens kommer från den latinska kyrkan: med grund i den nu sekelgamla gregorianska riten.
Utgångspunkten har varit revisionen hos tyska kyrkor av Augsburgska bekännelsen, särskilt liturgin i Selbständigen evangelisch-lutherischen Kirche och den högkyrkliga St Ansgarmässan, men också römisk-katolsk Mässboken.
Melodierna till Kyrie, Gloria, Credo, Offergåvornas tillredelse (som församlingssång), Sanctus / Benedictus, Agnus Dei och Nunc dimittis finns i en komposition av utgivaren.
Naturligtvis är också andra melodier möjliga - såsom Taizésånger. Vi har inte tryckt dessa med tanke på upphovsrätten. Men de är lätta att erhålla direkt från Taizé (editions@taize.fr.).
Trappstegsbönerna kan ingå i mässan. Församlingen kan komma in i diakonens ställe.
Syndabekännelse/förlåtelse kan ersättas med en annan bön eller med absolution med handpåläggning under knäböjande vid altaret.
Som hjälp har församlingens texter och sånger skrivits ut i fetstil.
Dessutom betyder:
Församlingen F stiger upp ↑, sitter △ eller knäfaller ↓.
P betyder att prästen (eller liturgist) sjunger eller talar, vid F sjunger eller talar församlingen, * Indikerar en i Mediatio.

Jag tackar Elizabeth Ask och fader Peter Albertsson som reviderat den svenska delen.

Herren vår Gud välsigne varje användare av den här boken.
Mons Vini, Dominica Miserikordias 2012

F Winfried S. Kuettner, PhD

Der Hauptgottesdienst/ Högmässan

Liturgie der Heiligen Messe/Den Heliga Mässans Liturgi

(Orgelvorspiel)

Eröffnung

Lied

↑P: Im Namen des Vaters und des Sohnes + und des Heiligen Geistes.

↑G: Amen

P: Unsere Hilfe steht im Namen des Herrn,
G: der Himmel und Erde gemacht hat.

Stufengebet *(43, 1-5)* ↑(oder ↓)

P: Komm, Heiliger Geist, erfüll die Herzen deiner Gläubigen und entzünd' in ihnen das Feuer deiner göttlichen Liebe.

Der du in der Mannigfaltigkeit der Zungen die Völker der ganzen Welt versammelt hast in der Einigkeit des Glaubens. (Halleluja)

P: Ich will hintreten zum Altar Gottes,*
zu dem Gott, der meine Freude und Wonne ist.

G: Gott, schaffe mir Recht und führe meine Sache wider das unheilige Volk*
und errette mich von den falschen und bösen Leuten!

P: Denn du bist der Gott meiner Stärke: Warum hast du mich verstoßen?* Warum muss ich so traurig gehen, wenn mein Feind mich dränget?

(Orgelpreludium)

Inledning

Psalm

↑P: I Faderns, Sonens + och den heliges Andes namn.

↑**F: Amen**

P: Vår hjälp är i Herrens namn.

F: Hans som har skapat himmel och jord.

Psaltaren 43, 1-5   ↑(eller ↓)

P: Kom helige ande, och fyll dina trognas hjärtan

och väck inom dem en brinnande eld av din gudomliga

kärlek

du som trots skillnader i språk

församlat alla folk i trons enhet. (Halleluja)

P: Jag får gå in till Guds altare,*

till Gud, som är min glädje och fröjd.

F: Gud, skaffa mig rätt, för min talan mot ett

kärlekslöst folk*,

rädda mig från falska och orättfärdiga människor.

P: Ty du, Gud, är min starkhet, varför har du förkastat

mig?*

Varför måste jag gå sörjande, ansatt av fiender?

G: Sende dein Licht und deine Wahrheit, dass sie mich leiten* und bringen zu deinem heiligen Berg und zu deiner Wohnung,

P: dass ich hineingehe zum Altar Gottes, zu dem Gott, der meine Freude und Wonne ist,*

und dir, Gott, auf der Harfe danke, mein Gott.

G: Was betrübst du dich, meine Seele, und bist so unruhig in mir?

P: Harre auf Gott, denn ich werde ihm noch danken,* dass er meines Angesichts Hilfe und mein Gott ist.

P + G: Ehre sei dem Vater und dem Sohne* und dem Heiligen Geiste,

wie es war im Anfang, jetzt und immerdar* und von Ewigkeit zu Ewigkeit. Amen.

P + G: Ich will hintreten zum Altar Gottes,* zu dem Gott, der meine Freude und Wonne ist.

Confiteor (Schuldbekenntnis/Bitte um Vergebung)

⬇ P: Brüder und Schwestern, damit wir diesen Gottesdienst in rechter Weise feiern können, lasst uns zuvor uns besinnen und unsere Schuld bekennen.

F: Sänd ditt ljus och din sanning; må de leda mig,*
må de föra mig till ditt heliga berg och till dina
boningar,

P: så att jag får gå in till Guds altare, till Gud, som är
min glädje och fröjd,*
och tacka dig på harpa, Gud, min Gud.

F: Varför är du så bedrövad, min själ, och varför så
orolig i mig?

P: Hoppas på Gud; ty jag skall åter få tacka honom,*
min frälsning och min Gud.

P +F: Ära vare Fadern och Sonen*
och den helige Ande.
Såsom det var av begynnelsen, nu är och skall vara,*
från evighet till evighet. Amen.

P +F: Jag får gå in till Guds altare,*
till Gud, som är min glädje och fröjd.

Confiteor (Syndabekännelse / bön om förlåtelse)
⬇   P: Låt oss besinna oss och bekänna vår synd och
skuld så att vi rätt kan fira de heliga mysterierna.

P/G: Ich bekenne Gott, dem Allmächtigen, und allen Brüdern und Schwestern, dass ich gesündigt habe in Gedanken, Worten und Werken, durch meine Schuld, durch meine Schuld, durch meine große Schuld. Darum bitte ich (die selige Jungfrau Maria, alle Engel und Heiligen[1], und)

Euch, Brüder und Schwestern,
für mich zu beten bei Gott, unserem Herrn.

P: Der allmächtige Gott erbarme sich unser.
Er vergebe uns unsere Sünden und und führe uns zum ewigen Leben.

G: Amen

Wir beten Gott an

↑Introitus des Tages

Kyrie (Melodie → S. 37)
↑P: Kyrie eleison!
↑G: Herr, erbarme dich!
P: Christe eleison!
G: Christe, erbarme dich!
P: Kyrie eleison!
G: Herr, erbarm dich über uns!
       oder:

---

[1] Der sich seiner Schuld vor Gott Bewusste sieht sich in der Gemeinschaft der gesamten Kirche: der kämpfenden auf Erden und der triumphierenden in Gottes in Ewigkeit. Nicht gemeint ist das Verehren und Anrufen von Heiligen und der Theotokos: Es wäre schriftwidrig und damit im Widerspruch zur frühchristlichen Tradition (z.B. Off. 22, 8+9).

P/F: Jag bekänner inför Gud allsmäktig och er alla

att jag syndat i tankar, ord, och gärningar

Detta är min skuld, min skuld, min stora skuld.

Därför ber jag (den saliga jungfrun Maria,

Guds änglar och helgon och) **er alla**

att be för mig till herren vår Gud.

P: Gud allsmäktig förlåte oss våra synder i sin stora

barmhärtighet och före oss till det eviga livet.

F: Amen

Vi ber till Gud

↑*Dagens Introitus*

Kyrie (→ p. 37)

↑P: Herre, förbarma dig!

↑F: Herre, förbarma dig!

P: Kristus, förbarma dig!

F: Kristus, förbarma dig!

P: Herre, förbarma dig!

F: Herre, förbarma dig!

   eller :

↑P: Kyrie eleison!

↑**G:** Kyrie eleison!

P: Kyrie eleison!

G: Christe eleison!

P: Christe eleison!

G: Christe eleison!

P: Kyrie eleison!

G: Kyrie eleison!

P: Kyrie eleison!

Gloria (→S. 37)

(„Allein Gott in der Höh' ", ein anderes Lied (aus z.B.
Taizé) oder

P: Ehre sei Gott in der Höhe

G: und auf Erden Fried, den Menschen ein
Wohlgefallen.

G: Wir loben Dich, wir benedeien Dich, wir beten
Dich an. Wir preisen Dich, wir sagen Dir Dank um
Deiner großen Ehre willen,

Herr Gott, himmlischer König, Gott, allmächtiger
Vater, Herr, eingeborner Sohn, Jesu Christe, Du
Allerhöchster, und Dir, Du Heiliger Geist.

Herr, Gott, Lamm Gottes, ein Sohn des Vaters, der

↑ P: Kyrie eleison!

↑ F: Kyrie eleison!

P: Kyrie eleison!

F: Christe eleison!

P: Christe eleison!

F: Christe eleison!

P: Kyrie eleison!

F: Kyrie eleison!

P: Kyrie eleison!

Gloria (→ p. 37)

följer en Gloria Psalm (se s.) eller

P: Ära vare Gud i höjden

F: och frid på jorden åt människor som har hans välbehag.

F: Vi lovar dig, vi välsignar dig, vi tillber dig, vi prisar och ärar dig, vi tackar dig för din stora barmhärtighet. Herre Gud, himelske konung, Gud Fader allsmäktig. Herre Guds enfödde son, Jesus Kristus. Herre Gud, Guds lamm, Faderns son. Du som borttager världens synder, förbarma dig

Du hinnimmst die Sünd der Welt: erbarm Dich unser. Der Du hinnimmst die Sünd der Welt: nimm auf unser Gebet. Der Du sitzest zu der Rechten des Vaters: erbarm Dich unser.

Denn Du allein bist heilig, Du bist allein der Herr, Du bist allein der Höchst, Jesu Christe, mit dem Heiligen Geist in der Herrlichkeit Deines Vaters. Amen.

Kollektengebet

P: Der Herr sei mit Euch

G: Und mit Deinem Geist.

P: Lasst uns beten - Kollektengebet

G: Amen

Wir hören Gottes Wort

und bekennen uns zu ihm

Lesung der Epistel/ alttestamentliche Lesung

P: Epistellesung/ alttestamentliche Lesung, schließend mit

....So lautet das Wort des Herrn.

G: Gott, wir danken dir.

P: Halleluja/Vers/

G: Hallelujah. (→S. 42)

över oss. **Du som borttager världens synder,
tag emot vår bön.
Du som sitter på Faderns högra sida, förbarma dig
över oss.
Ty du allena är helig, du allena är Herre, du allena
den högste, Jesus Kristus, med den helige Ande ,
i Guds Faderns härlighet. Amen.**

Kollektbön
P: Herren vare med er.
F: Och med din ande.
P: Låt oss bedja - Kollektbön
F: Amen

Vi hör Guds ord och
bekänner oss till honom

Läsning ur episteln/gamla testamentet
P: *Läser dagens epistel/ gamla testamentet, avslutar
med*
Så lyder Herrens ord. (eller/och GT)
F: Gud, vi tackar dig.
P: Halleluja/vers/
F: Halleluja (→S. 42)

△ Graduallied

Lesung des Evangeliums

P: Der Herr sei mit Euch.

↑G: Und mit Deinem Geist.

P: Das Heilige Evangelium nach...

G: „Ehre sei dir, HERRE!" -

P/Dn: Evangelium...(abschließend mit) „Wort des Lebendigen Gottes."

G: „Lob sei dir, o Christe"

Die Verkündigung

△ **Lied**

△ Predigt

△ **Lied**

Glaubensbekenntnis (→S. 43; *Apostolikum* S. 54)

↑P: Wir glauben an den einen Gott,

↑P/G: den allmächtigen Vater, Schöpfer des Himmels und der Erde, alles des, das sichtbar und unsichtbar ist.

Und an den einen Herrn Jesus Christus, Gottes eingebornen Sohn, der vom Vater geboren ist vor

△ **Gradualpsalm**

Läsning ur evangelium

P: Herren vare med Er

↑**F: Och med din ande**

P: Det heliga evangeliet enligt...

F: Ära vare dig Herre

P: (Evangelium läses och avslutads med)

„Så lyder det heliga evangeliet.“

F: Lovad vare du Kristus

Förkunnelse

△ **Psalm**

△ predikan

△ **Psalm**

Trosbekännelse (→S. 43, den apostoliska trosbe-
kännelsen S. 54)

↑P: Vi tror på enda Gud,

↑**P/F: allsmäktig Fader,**

skapare av himmel och jord, av allt synligt och
osynligt.

Vi tror på en enda Herre, Jesus Kristus,

Guds ende Son, född av Fadern före all tid,

ljus av ljus,

aller Zeit und Welt, Gott von Gott, Licht vom Licht, wahrhaftigen Gott vom wahrhaftigen Gott, geboren, nicht geschaffen, eines Wesens mit dem Vater, durch welchen alles geschaffen ist, welcher um uns Menschen und um unserer Seligkeit vom Himmel gekommen und leibhaft geworden durch Heiligen Geist von der Jungfrau Maria und Mensch geworden, auch für uns gekreuzigt unter Pontius Pilatus, gelitten und begraben und am dritten Tag auferstanden nach der Schrift und ist aufgefahren gen Himmel und sitzet zur Rechten des Vaters und wird wiederkommen mit Herrlichkeit, zu richten die Lebendigen und die Toten, dessen Reich kein Ende haben wird.

Und an den Herrn, den Heiligen Geist, der da lebendig macht, der von dem Vater (und dem Sohn) ausgeht, der mit dem Vater und dem Sohn angebetet und zugleich geehret wird, der durch die Propheten geredet hat. Und die eine, heilige, allgemeine[2] und apostolische Kirche. Wir bekennen die eine einige Taufe zur Vergebung der Sünden und warte auf die Auferstehung der Toten und das Leben der zukünftigen Welt. Amen

↑ P/Dn/L: Allgemeines Kirchengebet; u.U. spricht oder singt die **Gemeinde: Herr, erbarme Dich/Kyrie eleison u.ä.**

---

[2] **katholische;** *wörtlich „allgemein", „universal" (gr. katholikos), bezieht sich also gerade nicht auf die römisch-katholische Kirche.*

sann Gud av sann Gud, född, inte skapad, av samma
väsen som Fadern, på honom genom vilken allt blev
till; som för oss människor och vår frälsning
steg ner från himlen, blev människa av kött och blod
genom den heliga Anden och jungfru Maria,
korsfästes för vår skull under Pontius Pilatus,
led döden och begravdes, uppstod på den tredje
dagen i enlighet med skrifterna, steg upp till himlen,
sitter på Faderns högra sida och skall återvända i
härlighet för att döma levande och döda, och vars
välde aldrig skall ta slut.
Vi tror på den heliga Anden, som är Herre och ger
liv, som utgår från Fadern, som tillbeds och äras med
Fadern och Sonen och som talade genom profeterna.
Vi tror på en enda, helig, universell[3] och apostolisk
kyrka. Vi erkänner ett enda dop, till syndernas
förlåtelse.
Vi väntar på de dödas uppståndelse och den
kommande världens liv.
Amen.

↑   P/Dn/L: Kyrkans allmänna förbön
F *sjunger eller säger* „Herre, förbarma dig!", "Herre,
hör vår bön" *eller* „Kyrie eleison"

---

[3] katolsk

Christus lädt zum Heiligen Abendmahl

Gabenbereitung, (Lavabo)

△**G:** (dazu oder danach): „Schaffe in mir, Gott, ein reines Herz" oder ein anderes Lied)

P: Gepriesen bist du, Herr unser Gott, Schöpfer der Welt. Du schenkst das Brot, die Frucht der Erde, das wir vor dein Angesicht bringen, damit es uns das Brot des Lebens werde.

G: Gepriesen sei Gott in Ewigkeit.

P: Wie sich das Wasser mit dem Wein verbindet zum heiligen Zeichen, so lasse uns dieser Kelch teilhaben an der Gottheit Christi, der unsere Menschennatur angenommen hat.

P: Gepriesen bist du, Herr unser Gott, Schöpfer der Welt. Du schenkst uns den Wein, die Frucht des Weinstocks. Wir bringen diesen Kelch vor dein Angesicht, dass er uns der Kelch des ewigen Heils werde.

G: Gepriesen sei Gott in Ewigkeit.

Salutatio und Präfation

↑P: Der HERR sei mit euch.

↑**G: Und mit deinem Geiste.**

Kristus inbjuder till heliga nattvarden

Offergåvornas tillredelse, (Lavabo)

△ **F: Psalm**

P: Välsignad vare du, Herre, världsalltets Gud,
ty i din godhet ger du oss det bröd som vi frambär till
dig. Av jordens frukt och människors arbete bereder du
åt oss Livets bröd.
F: Välsignad vare Gud i evighet.

P: Som vattnet blandar sig med vinet, så må han som
antog vår mänskliga natur förena sig med oss och ge oss
del av sin gudomliga natur.

P: Välsignad vare du, Herre, världsalltets Gud, ty i din
godhet ger du oss det vin som vi frambär till dig. Av
vinrankans frukt och människors arbete bereder du åt
oss Frälsningens kalk.
F: Välsignad vare Gud i evighet.

Salutatio och prefatorie

↑   P: Herren vare med Er.
↑   **F: Och med din ande.**

P: Die Herzen in die Höhe!

G: Wir erheben sie zum Herren.

P: Lasset uns danksagen dem Herrn, unserm Gotte.

G: Das ist würdig und recht.

P:Wahrhaft würdig ... anbetend dir singen:

Sanctus (→ S. 46)

G: Heilig, heilig ist der Gott, der Herre Zebaoth, alle Lande sind seiner Ehre voll. Hosianna in der Höhe. Gelobet sei, der da kommt im Namen des Herrn. Hosianna in der Höhe.

G: ↑(oder ⬇)

P: *Lobpreis und Bitte um den Heiligen Geist (Epiklese)*

P: *Konsekration - die Einsetzungsworte*

P: Geheimnis des Glaubens!

G: Deinen Tod, o Herr, verkünden wir, und deine Auferstehung preisen wir, bis du kommst in Herrlichkeit.

P: *Heilsgedächtnis (Anamnese)*

P: Upplyfta era hjärtan.

F: Vi har upplyft dem till Herren.

P: Låt oss tacka och lova Herren vår Gud.

F: Det är tillbörligt och rätt.

P: (prefation)...

Sanctus (→ S. 46)

F: Helig, helig är Herren Gud Sebaot.

Himlarna och jorden är fulla av din härlighet.

Hosianna i höjden.

Välsignad vare han som kommer i Herrens namn.

Hosianna i höjden

F: ↑(eller ⬇)

P: *Epikles*

P.: *Konsekration - instiftelseorden*

P: Trons mysterium!

F: Din död förkunnar vi, Herre,

och din uppståndelse bekänner vi,

till dess du kommer åter i härlighet.

P: *Anamnes*

25

P: Durch ihn und mit ihm und in ihm sei dir, Gott, allmächtiger Vater, in der Einheit des Heiligen Geistes alle Herrlichkeit und Ehre jetzt und in Ewigkeit.

G: Amen.

P (G): Vater unser im Himmel,
geheiligt werde dein Name. Dein Reich komme.
Dein Wille geschehe, wie im Himmel, so auf Erden.
Unser tägliches Brot gib uns heute.
Und vergib uns unsere Schuld, wie auch wir vergeben unsern Schuldigern.
Und führe uns nicht in Versuchung,
sondern erlöse uns von dem Bösen.

G: Denn dein ist das Reich und die Kraft und die Herrlichkeit in Ewigkeit. Amen.

P: Herr Jesus Christus, du hast deinen Aposteln gesagt: "Frieden hinterlasse ich euch, meinen Frieden gebe ich euch." Deshalb bitten wir dich: Schau nicht auf unsere Sünden, sondern auf den Glauben deiner Kirche und schenke ihr nach deinem Willen Einheit und Frieden.

G: Amen.

Der Friede des Herrn sei mit euch allen.

G: Und mit deinem Geist.

P: Lasst uns einander in Frieden grüßen

G: *grüsst einander:* **Der Friede des Herrn**

P: Genom honom och med honom och i honom
tillkommer dig, Gud Fader allsmäktig, i den helige
Andes enhet, all ära och härlighet,
från evighet till evighet

F: Amen.

P (F): Fader vår, som är i himmelen,
helgat varde ditt namn,
tillkomme ditt rike,
ske din vilja såsom i himmelen så ock på jorden.
Vårt dagliga bröd giv oss i dag,
och förlåt oss våra skulder, såsom ock vi förlåta dem oss
skyldiga äro,
och inled oss icke frestelse, utan fräls oss ifrån ondo.

F: Ty riket är ditt och makten och härligheten, i
evighet. Amen

P: Herre Jesus Kristus. Du som sade till dina apostlar
"frid lämnar jag efter mig åt er, min frid ger jag er"
vi ber dig, se inte till våra synder
utan till din kyrkas tro och ge henne frid
och enhet efter din vilja.

F: Amen

P: Herrens frid vare alltid med er.

F **Och med din ande**

D Låt oss ge varandra fridshälsningen

A *Utväxlar fridshälsning (tar i hand)*: Herrens frid

Kommuniongebet

P und G: O Herr, ob ich zwar nicht wert bin, dass du in mein Herz eingehest, so bin ich doch notdürftig deiner Hilfe und begierig deiner Gnade, dass ich möge fromm und selig werden.

Nun komme ich in keiner anderen Zuversicht denn auf dein Wort, da du selbst mich zu diesem Tische ladest und sagest mir Unwürdigem zu, ich soll Vergebung meiner Sünden haben durch deinen Leib und dein Blut, so ich esse und trinke in diesem Sakrament. O lieber Herr, ich weiß, dass deine göttliche Zusage und deine Worte gewiss und wahrhaftig sind. Daran zweifle ich nicht, und darauf esse und trinke ich; mir geschehe nach deinem Worte.

O Herr Jesu, vereinige dich mit mir, dass ich bleibe in dir und du in mir und ich von dir ungeschieden sei, hier zeitlich und dort ewiglich. Amen

P.: bricht die Hostie in zwei Hälften, legt ein kleines Stück in den Kelch und fährt mit leiser Stimme fort:

P: Durch unseren Herrn Jesus Christus, Deinen Sohn: der mit dir lebt und herrscht in der Einheit des Heiligen Geistes, Gott, (*lauter*) von Ewigkeit zu Ewigkeit.

G: Amen.

Kommunionsbön

P och F: Herre, även om jag är ovärdig, att du bor i min hjärtan, så är jag helt beroende av din hjälp och sträcker mig efter din nåd för att jag ska bli from och salig.

Nu kommer jag inför dig utan annan förtröstan än på ditt ord, där du själv bjuder mig till detta bord och utlovar åt mig, som är ovärdig att jag skall få förlåtelse för mina synder genom din kropp och ditt blod

då jag äter och dricker detta sakrament.

O käre Herre, jag vet att ditt gudomliga löfte och ditt ord är visst och sant. På detta tvivlar jag inte, och därför äter och dricker jag; det tillåter mig ditt ord.

O Herre Jesus, bind mig samman med dig, så att jag förblir i dig och du i mig

och så att jag aldrig blir skild från dig,

här i tiden och där i evigheten. Amen

Prästen bryter hostian och lägger en del i kalken. Han säger tyst:

P: Genom vår Herre Jesus Kristus, Din Son, som med Dig Fader och den Helige Ande, lever och regerar i en enhet, (*med högre röst*) i evigheters evigheter. - Amen.

F: Amen.

Agnus Dei (→ S. 49)

G: Christe, du Lamm Gottes, der du trägst die Sünd der Welt, erbarm dich unser.

Christe, du Lamm Gottes, der du trägst die Sünd der Welt, erbarm dich unser.

Christe, du Lamm Gottes, der du trägst die Sünd der Welt, gib uns deinen Frieden. Amen.

Kommunion - Austeilung

△ **G: Lied** (nach der Austeilung: Lobgesang des Simeon (Nunc dimittis) oder ein anderes Lied)

Nunc dimittis (→ S. 51, S. 52/53)

G: Herre, nun lässt du deinen Diener in Frieden fahren,*
wie du gesagt hast.
  Denn meine Augen haben deinen Heiland gesehn,*
  den du bereitet hast vor allen Völkern,
ein Licht, zu erleuchten die Heiden*
und zum Preis deines Volks Israel.
  ↑ **Ehr sei dem Vater und dem Sohn* und dem Heiligen Geist,**
wie es war im Anfang, jetzt und immerdar* und in Ewigkeit. Amen.

Agnus Dei (→ S. 49)

F: O, Guds lamm som bortager världens synder,
förbarma dig över oss.

O, Guds lamm som bortager världens synder,
förbarma dig över oss.

O, Guds lamm som bortager världens synder,
giv oss din frid. Amen.

kommunionen - distributionen

△   **F: Psalm** eller Symeons lovsång (Nunc dimittis)

Nunc dimittis (→ S. 51; S. 52/53)

F: Herre, nu låter du din tjänare gå hem i frid*
som du har lovat.
  Ty mina ögon har skådat frälsningen*
  som du har berett åt alla folk,
ett ljus med uppenbarelse åt hedningarna*
och härlighet åt ditt folk Israel.
  ↑ Ära vare Fadern och Sonen*
  och den helige Ande.
Såsom det var av begynnelsen, nu är och skall vara*,
från evighet till evighet. Amen.

Gruß und Schlussgebet

↑P: Der Herr sei mit euch.

↑G: und mit deinem Geist.

P: Danket dem Herrn; denn er ist freundlich!
(Hallelujah.)

G: Und seine Güte währet ewiglich. (Hallelujah.)

P: Lasst uns beten....von Ewigkeit zu Ewigkeit

G: Amen.

Entlassung und Segen

P: Gehet hin im Frieden des Herrn

G: Gott sei ewiglich Dank.

P: Der Herr segne dich und behüte dich.

Der Herr lasse sein Angesicht über dir

leuchten und sei dir gnädig.

Der Herr erhebe sei Angesicht auf dich und gebe dir

Frieden.+ (oder ein anderer Segen)

G: Amen.

△ **Schlusslied,** ggf. Abkündigungen

(Orgelnachspiel)

Hälsning och bön

↑P: Herren vare med Er.

↑F: Och med din ande.

P: Tacka Herren, ty han är god. (Halleluja.)

F: ty hans nåd varar i evighet. (Halleluja.)

P.: Låt oss bedja... från evighet till evighet.

F: Amen.

Välsignelse

P: Gå i Herrens frid.

F: Gud, vi tackar dig-

P: Herren välsigne er och bevare er.

Herren låte sitt ansikte lysa över er och vare er nådig.

Herren vände sitt ansikte till er och give er frid.

(P: I Guds Faderns, Sonen och den helige Andes namn.)

F: Amen.

△ **Psalm**, kungörelser

(Orgelpostludium)

Das Schlussevangelium (fakultativ)

P: Der Herr sei mit euch.

↑G: Und mit deinem Geiste.

P: Anfang des heiligen Evangeliums nach Johannes.

G: Ehre sei Dir, Herr.

P: Im Anfang war das Wort, und das Wort war bei Gott, und Gott war das Wort. Dasselbe war im Anfang bei Gott. Alle Dinge sind durch dasselbe gemacht, und ohne dasselbe ist nichts gemacht, was gemacht ist. In ihm war das Leben, und das Leben war das Licht der Menschen. Und das Licht scheint in der Finsternis, und die Finsternis hat's nicht begriffen. Es ward ein Mensch von Gott gesandt, der hieß Johannes. Dieser kam zum Zeugnis, dass er von dem Licht zeugte, auf dass sie alle durch ihn glaubten. Er war nicht das Licht, sondern dass er zeugte von dem Licht. Das war das wahrhaftige Licht, welches alle Menschen erleuchtet, die in diese Welt kommen. Es war in der Welt, und die Welt ist durch dasselbe gemacht; und die Welt kannte es nicht. Er kam in sein Eigentum; und die Seinen nahmen ihn nicht auf. Wie viele ihn aber aufnahmen, denen gab er Macht, Kinder Gottes zu werden, die an seinen Namen glauben; welche nicht von dem Geblüt noch von dem Willen des Fleisches noch von dem Willen eines Mannes, sondern von Gott geboren sind. Und das Wort ward Fleisch und wohnte unter uns, und wir sahen seine Herrlichkeit, eine Herrlichkeit als des eingeborenen Sohnes vom Vater, voller Gnade und Wahrheit.

G: Dank sei Gott.

Avslutningsevangeliet (fakultativ)

P: Herren vare med Er.

↑F: Och med din ande.

P.: Begynnelsen av heliga evangeliet enligt Johannes.

F: Ära vare dig Herre

P: I begynnelsen var Ordet, och Ordet var hos Gud, och Ordet var Gud. Han var i begynnelsen hos Gud. Genom honom har allt blivit till, och utan honom har inget blivit till, som är till. I honom var liv, och livet var människornas ljus. Och ljuset lyser i mörkret, och mörkret har inte övervunnit det. En man trädde fram, sänd av Gud. Hans namn var Johannes. Han kom som ett vittne för att vittna om ljuset, för att alla skulle komma till tro genom honom. Själv var han inte ljuset, men han kom för att vittna om ljuset. Det sanna ljuset, som ger ljus åt alla människor, skulle nu komma till världen. Han var i världen och världen hade blivit till genom honom, och världen kände honom inte. Han kom till sitt eget, och hans egna tog inte emot honom. Men åt alla som tog emot honom gav han rätt att bli Guds barn, åt dem som tror på hans namn. De är inte födda av blod eller av köttets vilja eller av någon mans vilja utan av Gud. Och Ordet blev kött och bodde bland oss, och vi såg hans härlighet, en härlighet som den Enfödde har av Fadern, och han var full av nåd och sanning.

F: Vi tackar dig, Gud.

Kyrie

Winfried S. Küttner, Arpker Messe 1984

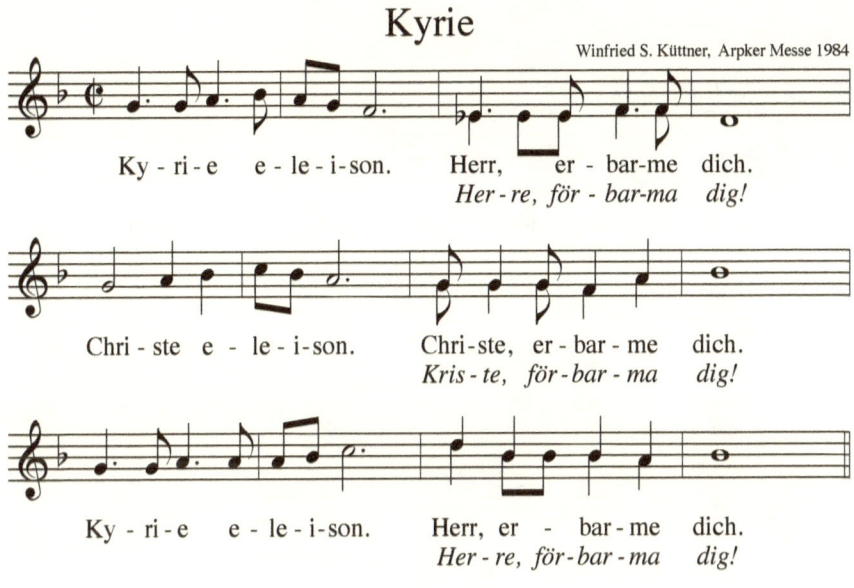

Ky - ri - e e - le - i - son. Herr, er - bar-me dich.
Her - re, för - bar-ma dig!

Chri - ste e - le - i - son. Chri - ste, er - bar - me dich.
Kris - te, för - bar - ma dig!

Ky - ri - e e - le - i - son. Herr, er - bar - me dich.
Her - re, för - bar - ma dig!

Gloria

Liturg:

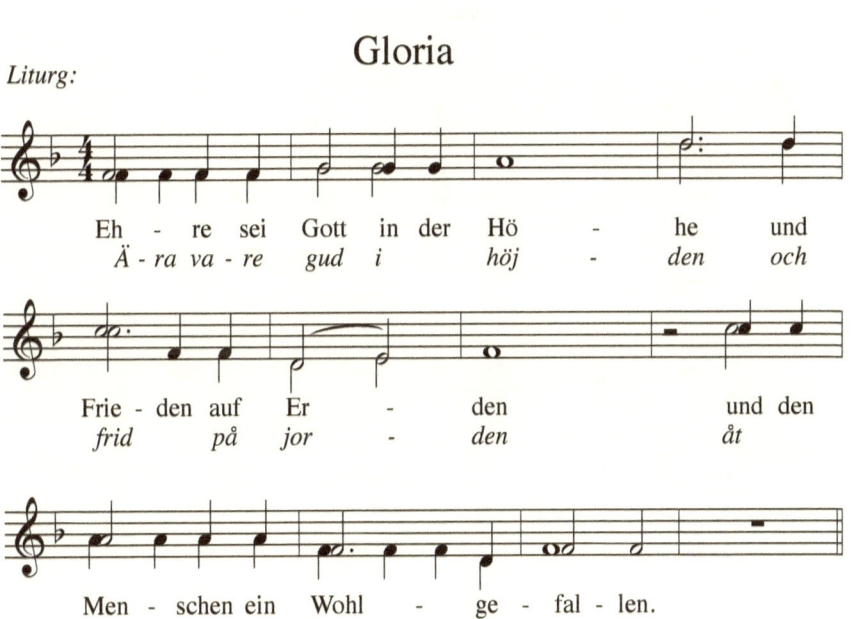

Eh - re sei Gott in der Hö - he und
Ä - ra va - re gud i höj - den och

Frie - den auf Er - den und den
frid på jor - den åt

Men - schen ein Wohl - ge - fal - len.
män - nis-kor som har hans väl - be - hag.

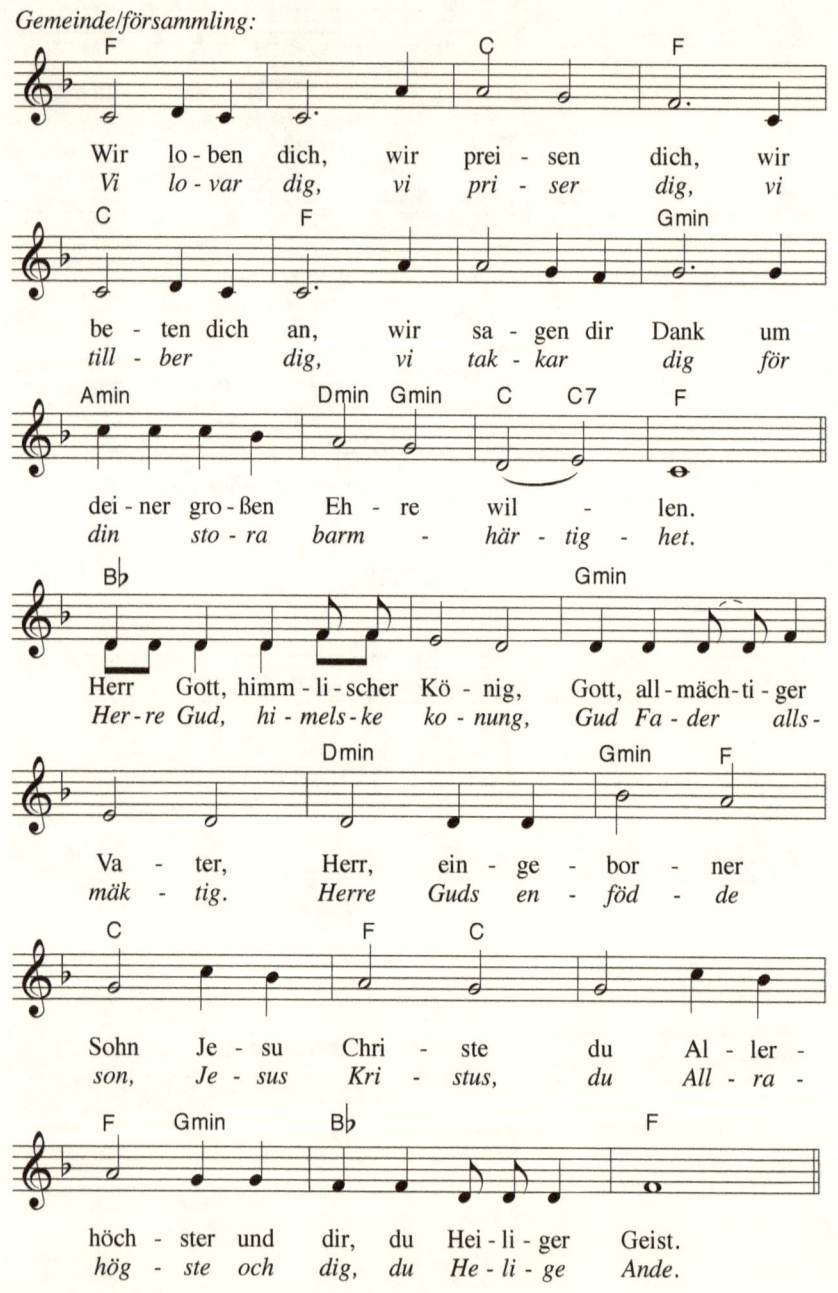

Wir lo-ben dich, wir prei-sen dich, wir
Vi lo-var dig, vi pri-ser dig, vi

be-ten dich an, wir sa-gen dir Dank um
till-ber dig, vi tak-kar dig för

dei-ner gro-ßen Eh - re wil - len.
din sto-ra barm - här-tig - het.

Herr Gott, himm-li-scher Kö-nig, Gott, all-mäch-ti-ger
Her-re Gud, hi-mels-ke ko-nung, Gud Fa-der alls-

Va - ter, Herr, ein-ge-bor-ner
mäk - tig. Herre Guds en-föd-de

Sohn Je-su Chri - ste du Al-ler-
son, Je-sus Kri - stus, du All-ra-

höch-ster und dir, du Hei-li-ger Geist.
hög-ste och dig, du He-li-ge Ande.

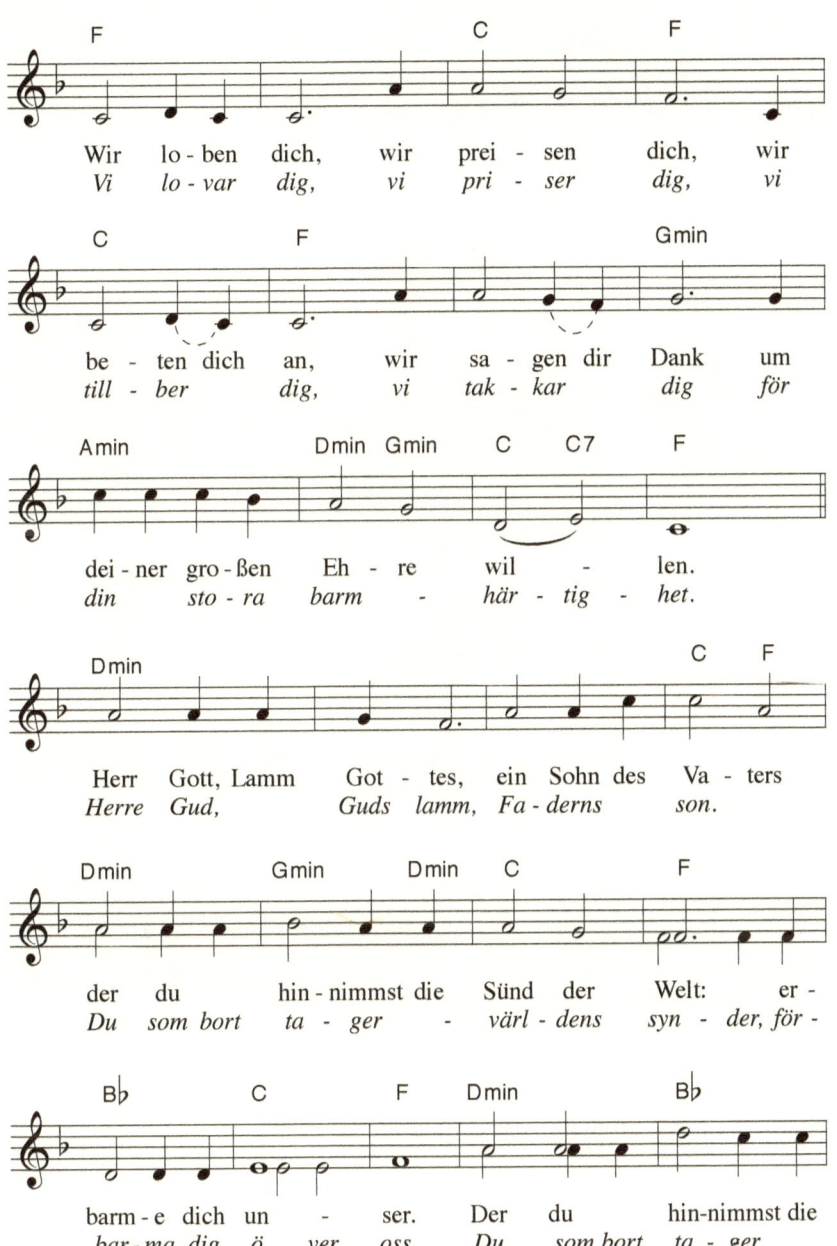

Wir lo - ben dich, wir prei - sen dich, wir
Vi lo - var dig, vi pri - ser dig, vi

be - ten dich an, wir sa - gen dir Dank um
till - ber dig, vi tak - kar dig för

dei - ner gro - ßen Eh - re wil - len.
din sto - ra barm - här - tig - het.

Herr Gott, Lamm Got - tes, ein Sohn des Va - ters
Herre Gud, Guds lamm, Fa - derns son.

der du hin - nimmst die Sünd der Welt: er -
Du som bort ta - ger - värl - dens syn - der, för -

barm - e dich un - ser. Der du hin-nimmst die
bar - ma dig ö - ver oss. Du som bort ta - ger

39

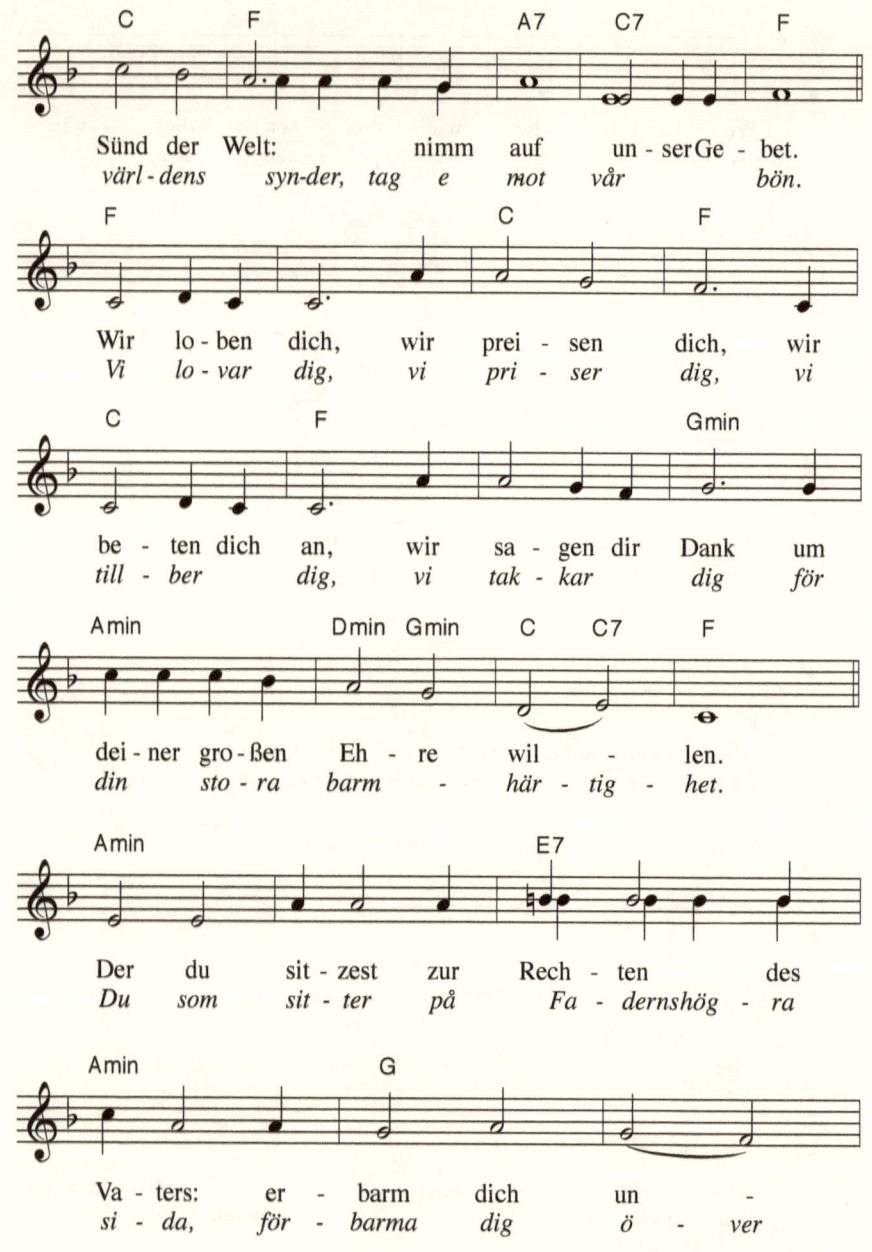

Sünd der Welt: nimm auf   un - ser Ge - bet.
värl - dens   *syn-der, tag e*   *mot vår*   *bön.*

Wir   lo - ben   dich,   wir   prei - sen   dich,   wir
Vi   *lo - var*   *dig,*   *vi*   *pri - ser*   *dig,*   *vi*

be - ten dich   an,   wir   sa - gen dir   Dank   um
till - ber   *dig,*   *vi*   *tak - kar*   *dig*   *för*

dei - ner gro - ßen   Eh - re   wil -   len.
din   *sto - ra*   *barm*   *här - tig - het.*

Der   du   sit - zest   zur   Rech - ten   des
Du   *som*   *sit - ter*   *på*   *Fa - dernshög - ra*

Va - ters: er - barm   dich   un -
si - da,   *för - barma*   *dig*   *ö - ver*

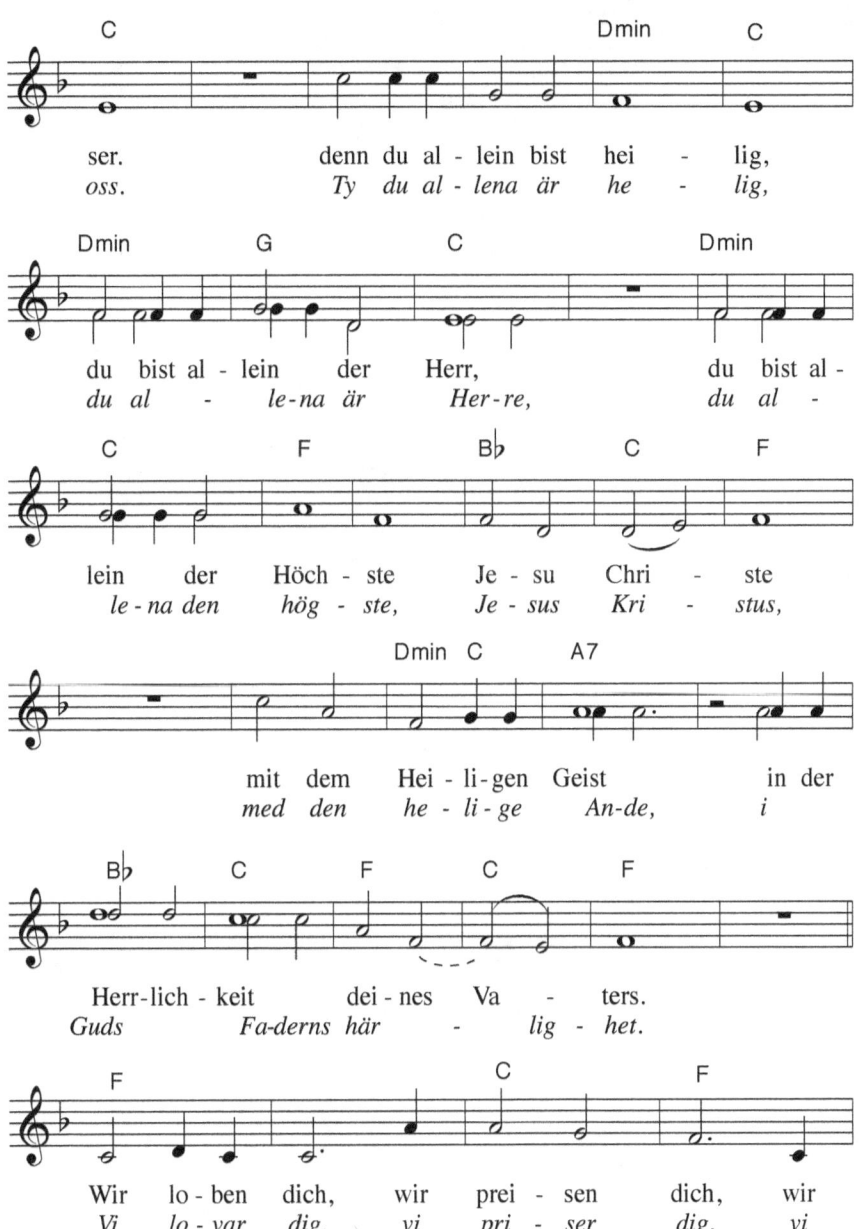

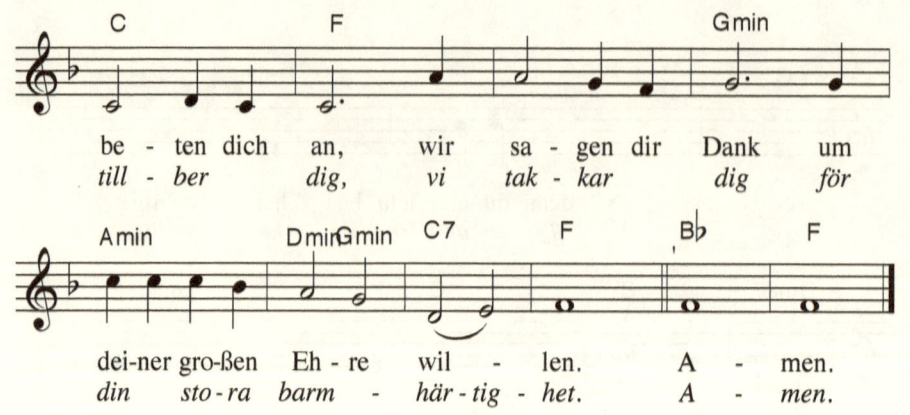

Graduale

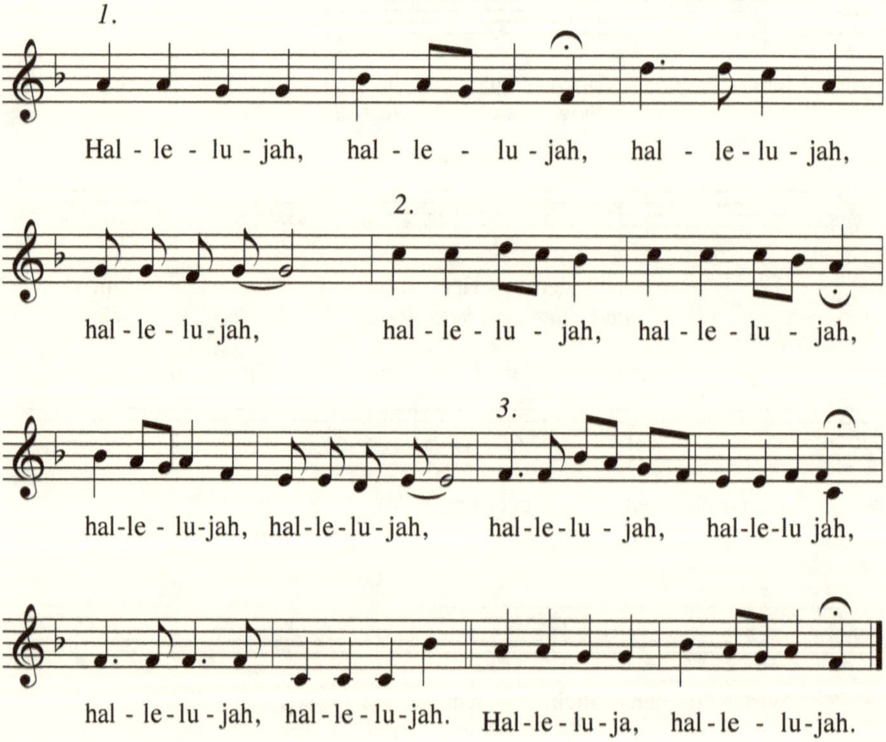

→ S. 18/19

Credo

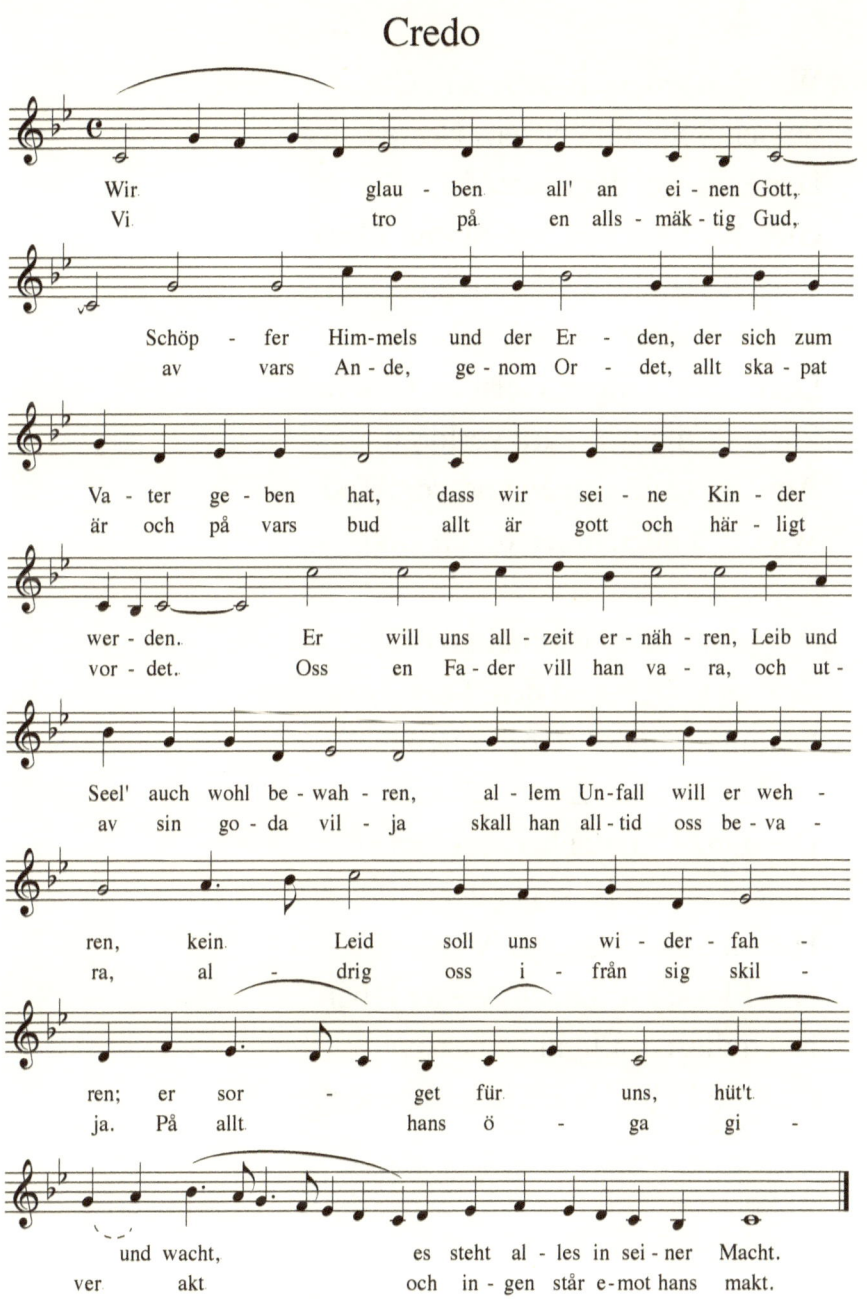

Wir glau - ben all' an ei - nen Gott,
Vi tro på en alls - mäk - tig Gud,

Schöp - fer Him - mels und der Er - den, der sich zum
av vars An - de, ge - nom Or - det, allt ska - pat

Va - ter ge - ben hat, dass wir sei - ne Kin - der
är och på vars bud allt är gott och här - ligt

wer - den. Er will uns all - zeit er - näh - ren, Leib und
vor - det. Oss en Fa - der vill han va - ra, och ut -

Seel' auch wohl be - wah - ren, al - lem Un - fall will er weh -
av sin go - da vil - ja skall han all - tid oss be - va -

ren, kein Leid soll uns wi - der - fah -
ra, al - drig oss i - från sig skil -

ren; er sor - get für uns, hüt't
ja. På allt hans ö - ga gi -

und wacht, es steht al - les in sei - ner Macht.
ver akt och in - gen står e - mot hans makt.

43

Wir glauben auch an Jesum Christ,
Seinen Sohn und unsern Herren,
Der ewig bei dem Vater ist,
Gleicher Gott von Macht und Ehren,
Von Maria, der Jungfrauen,
Ist ein wahrer Mensch geboren
Durch den heilgen Geist im Glauben
Für uns, die wir warn verloren,
Am Kreuz gestorben und vom Tod
Wieder auferstanden durch Gott.

Wir glauben an den heilgen Geist.
Gott mit Vater und dem Sohne,
Der aller Blöden Tröster heißt
Und mit Gaben zieret schone,
Die ganz Christenheit auf Erden
Hält in einem Sinn gar eben,
Hie all Sünd vergeben werden,
Das Fleisch soll auch wieder leben.
Nach diesem Elend ist bereit
Uns ein Leben in Ewigkeit. Amen.

Vi tror också på Jesus Krist,
Guds enfödde Son, vår Herre:
en evig Gud är han förvisst
och sin Fader lik i ära.
Här Maria, jungfrun rena,
till sann mänska honom födde
av Guds Andes kraft allena.
För vår synd till döds han blödde.
För oss han döden övervann,
sitter på Faderns högra hand.

Vi tror på helge Anden ock,
en allmänlig, kristlig kyrka,
det är de heligas samfund
som av Anden får sin styrka.
Här blir synden från oss tagen,
som har plågat oss i nöden.
Sedan på den sista dagen
står vi alla upp i döden.
Ett evigt liv oss skänktes då,
Gud låter oss sin glädje få. Amen.

Sanctus

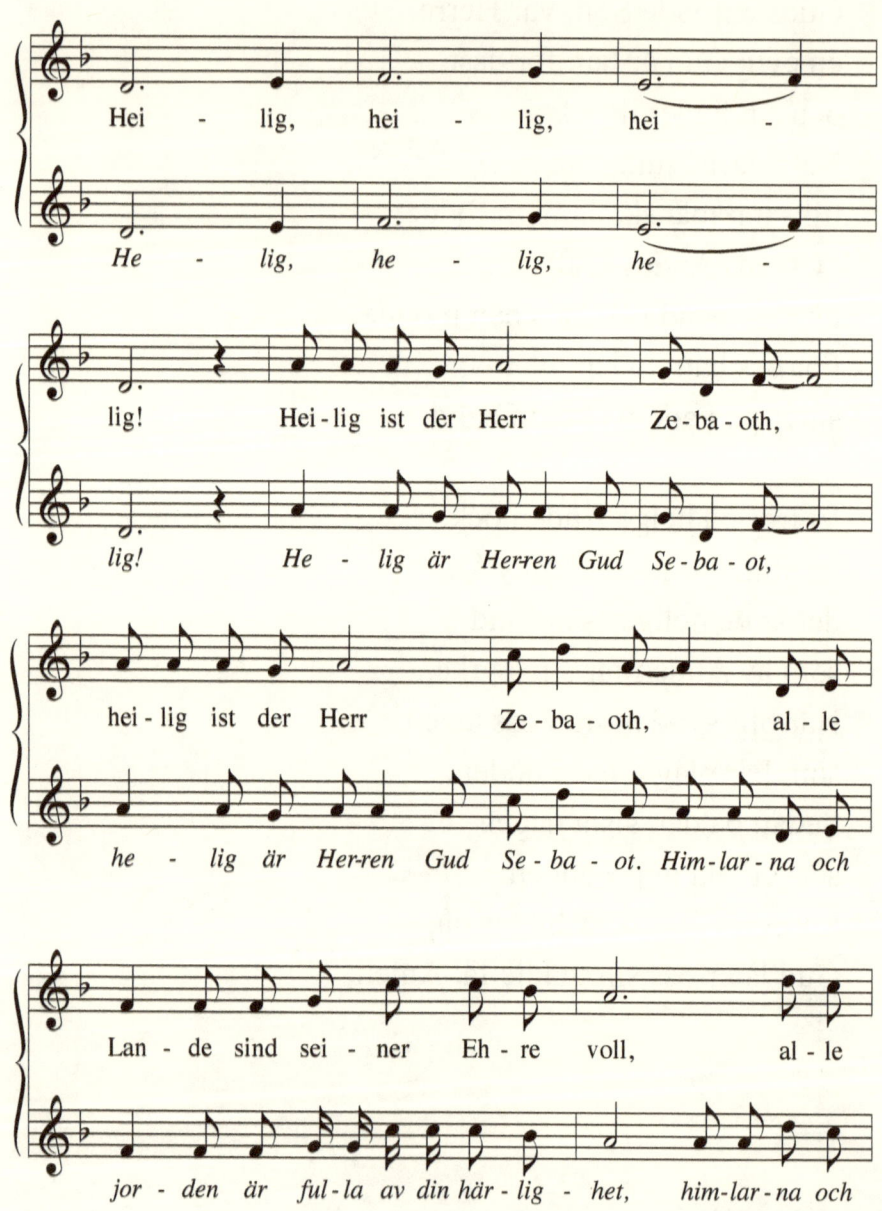

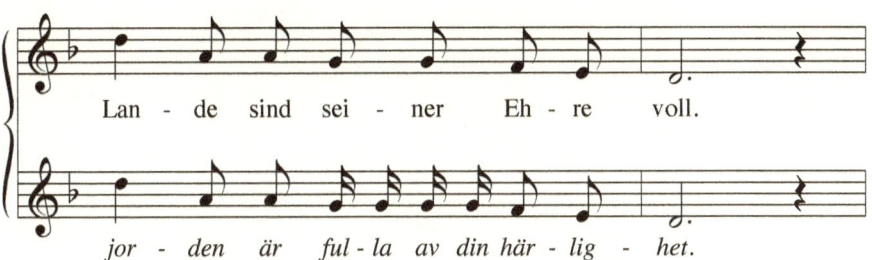

Lan - de sind sei - ner Eh - re voll.

jor - den är ful - la av din här - lig - het.

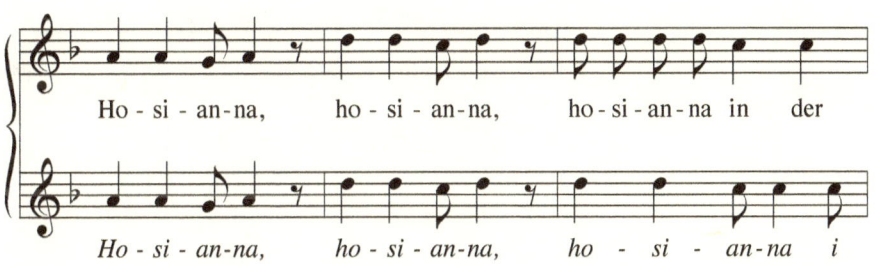

Ho - si - an - na, ho - si - an - na, ho - si - an - na in der

Ho - si - an - na, ho - si - an - na, ho - si - an - na i

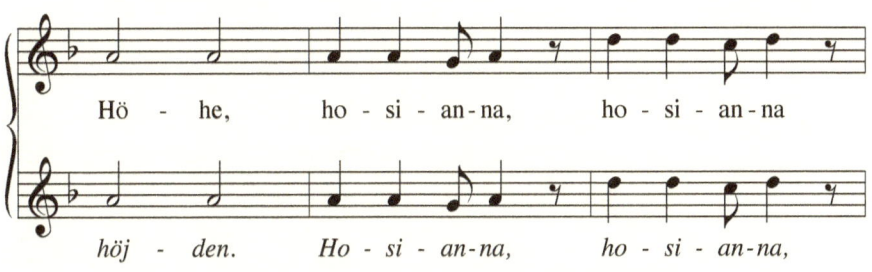

Hö - he, ho - si - an - na, ho - si - an - na

höj - den. Ho - si - an - na, ho - si - an - na,

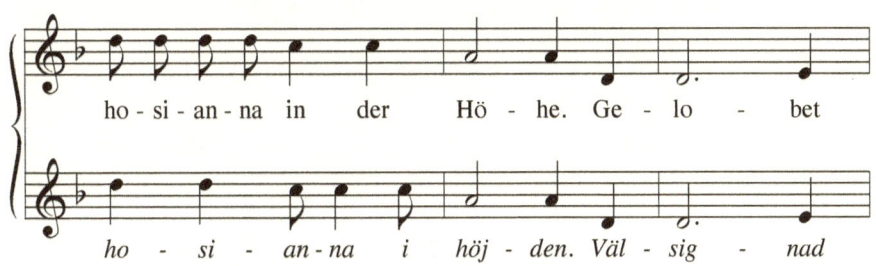

ho - si - an - na in der Hö - he. Ge - lo - bet

ho - si - an - na i höj - den. Väl - sig - nad

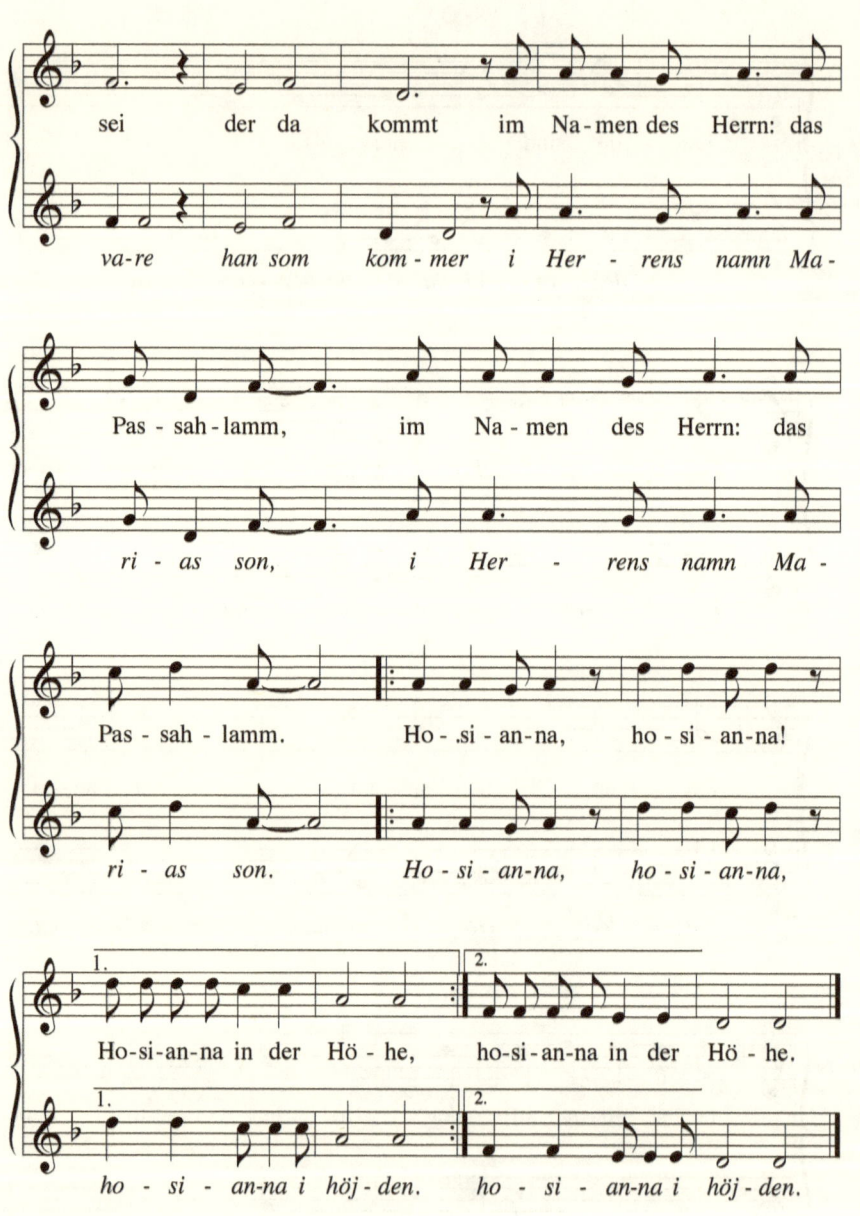

sei   der da   kommt   im Na-men des   Herrn: das

va-re   han som   kom-mer   i Her - rens   namn Ma-

Pas - sah - lamm,   im   Na - men   des   Herrn: das

ri - as   son,   i Her - rens   namn   Ma-

Pas - sah - lamm.   Ho - .si - an-na,   ho - si - an-na!

ri - as   son.   Ho - si - an-na,   ho - si - an-na,

Ho-si-an-na in der Hö - he,   ho-si-an-na in der Hö - he.

ho - si - an-na i höj - den.   ho - si - an-na i höj - den.

→ S. 24/25

Agnus Dei

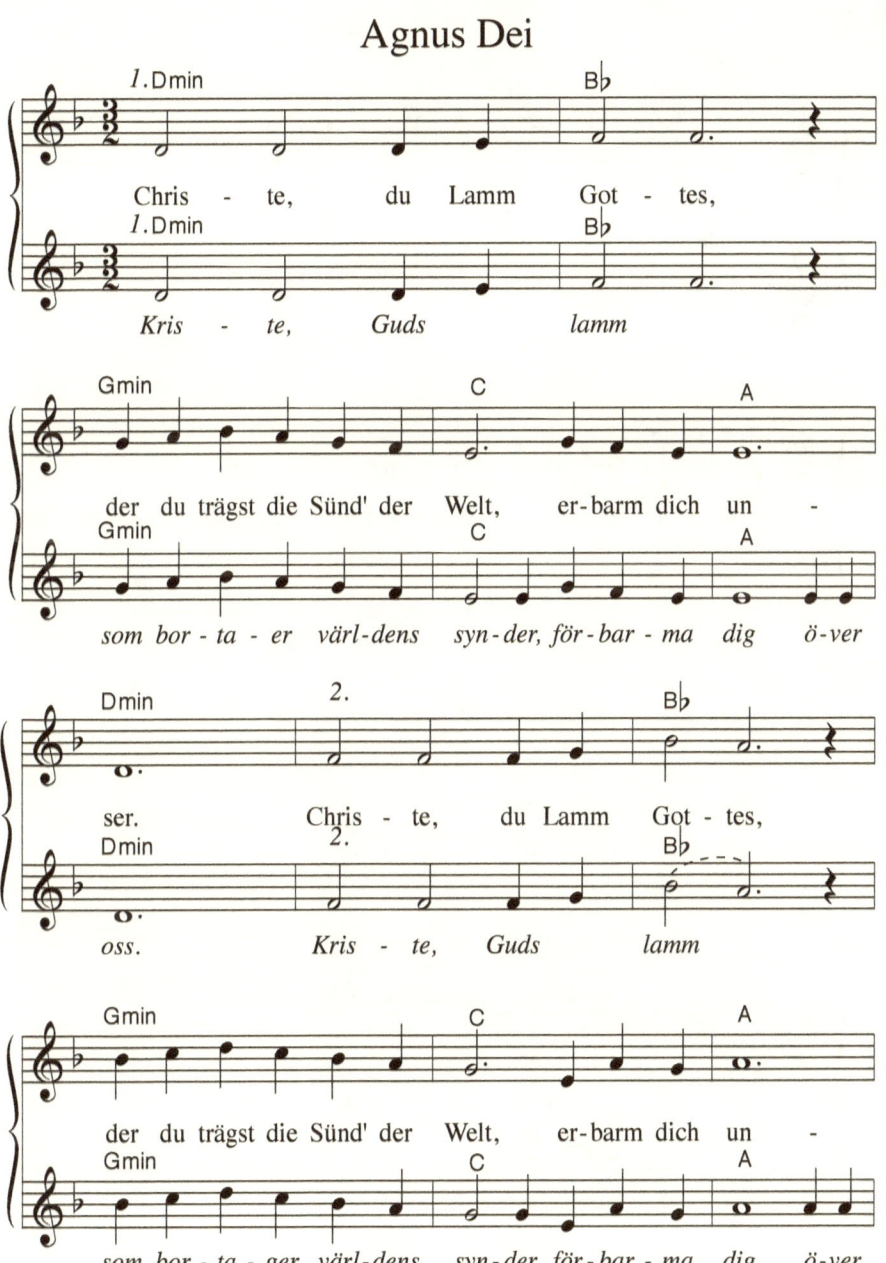

1. Dmin   B♭

Chris - te,   du Lamm   Got - tes,

1. Dmin   B♭

Kris - te,   Guds   lamm

Gmin   C   A

der du trägst die Sünd' der   Welt,   er-barm dich un -

Gmin   C   A

som bor - ta - er värl-dens syn-der, för-bar - ma   dig   ö-ver

Dmin   **2.**   B♭

ser.   Chris - te,   du Lamm   Got - tes,

Dmin   **2.**   B♭

oss.   Kris - te,   Guds   lamm

Gmin   C   A

der du trägst die Sünd' der   Welt,   er-barm dich un -

Gmin   C   A

som bor - ta - ger värl-dens syn-der, för-bar - ma   dig   ö-ver

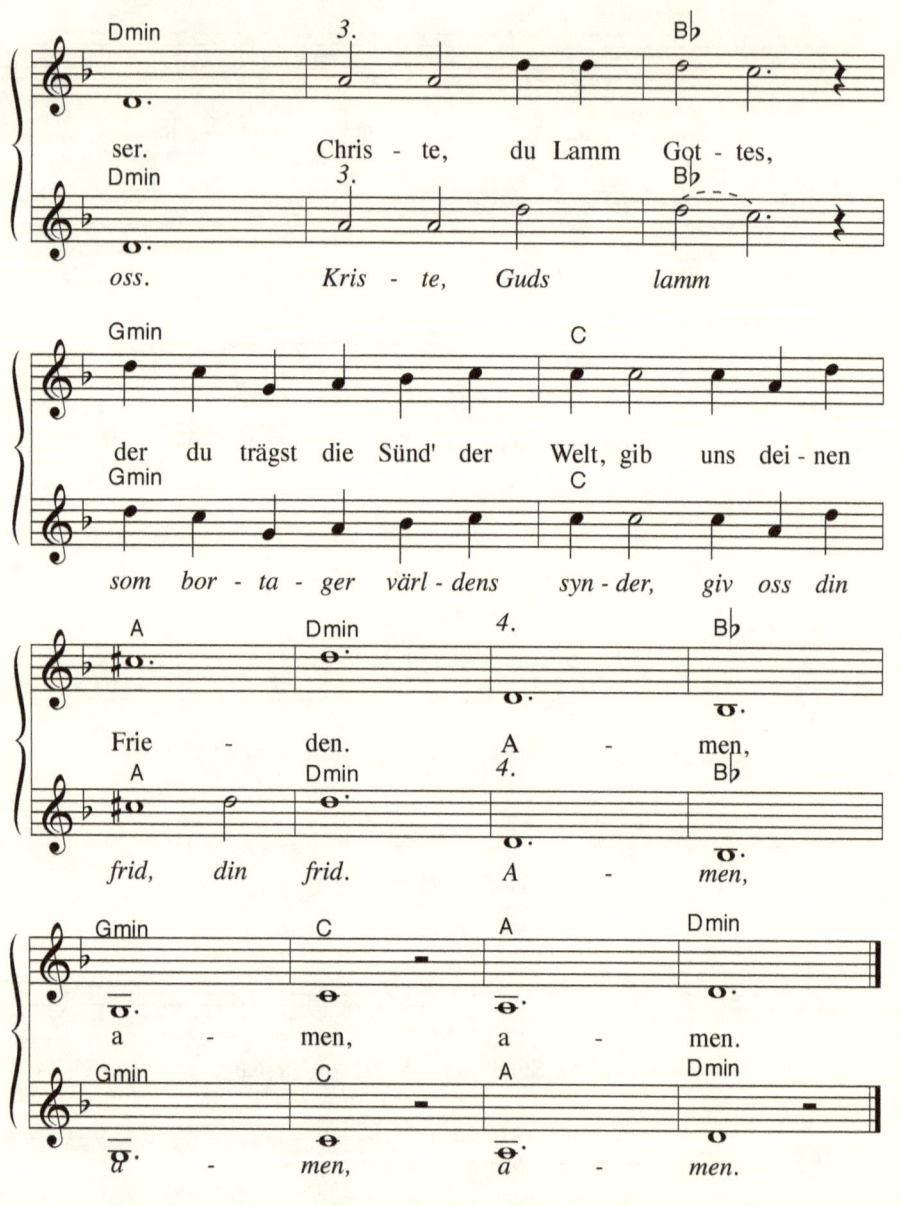

→ S. 30/31

Nunc dimittis

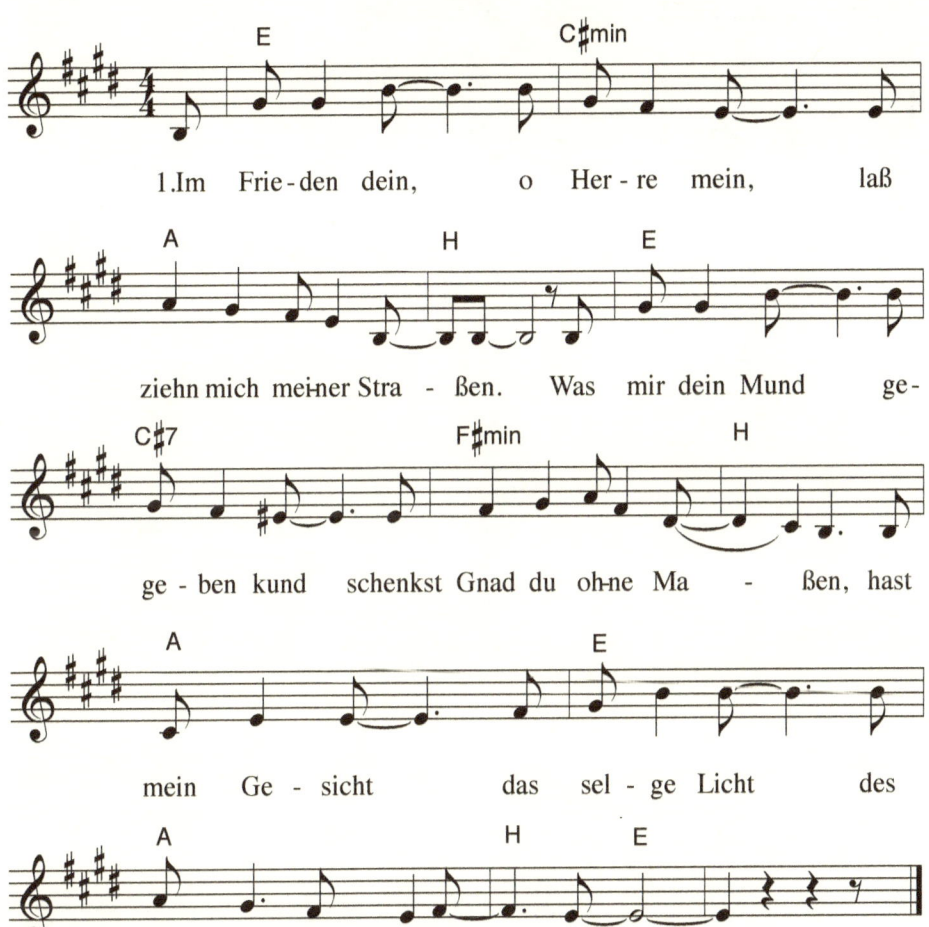

1.Im Frie - den dein, o Her - re mein, laß ziehn mich mei-ner Stra - ßen. Was mir dein Mund ge-ge-ben kund schenkst Gnad du oh-ne Ma - ßen, hast mein Ge - sicht das sel - ge Licht des Hei - lands schau - en las - sen.

2. Mir armem Gast bereitet hast
das reiche Mahl der Gnaden.
Das Lebensbrot stillt Hungers Not,
heilt meiner Seele Schaden.
Ob solchem Gut jauchzt Sinn und Mut
mit alln, die du geladen.

3. O Herr, verleih, daß Lieb und Treu
in dir uns all verbinden,
daß Hand und Mund zu jeder Stund
dein Freundlichkeit verkünden,
bis nach der Zeit den Platz bereit'
an deinem Tisch wir finden.

Text: Friedrich Spitta, 1898
Melodie: Winfried S. Küttner ca. 1984

→ S. 32/33

Nunc dimittis/Mina ögon

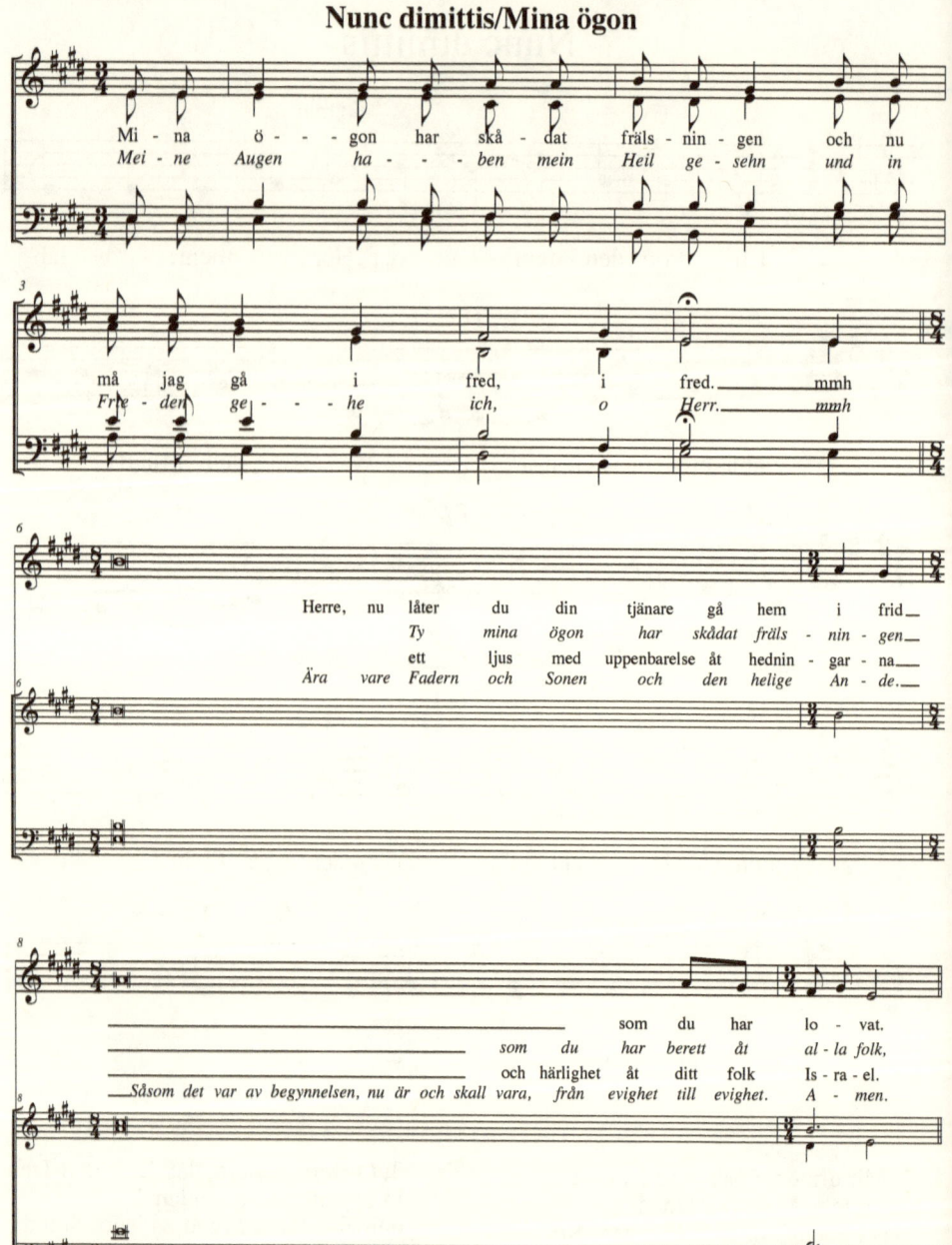

Mi - na ö - - gon har skå - dat fräls - nin - gen och nu
Mei - ne Augen ha - - ben mein Heil ge - sehn und in

må jag gå i fred, i fred._____ mmh
Fre - den ge - - he ich, o Herr._____ mmh

Herre, nu låter du din tjänare gå hem i frid__
Ty mina ögon har skådat fräls - nin - gen__
ett ljus med uppenbarelse åt hednin - gar - na__
Ära vare Fadern och Sonen och den helige An - de.__

som du har lo - vat.
som du har berett åt al - la folk,
och härlighet åt ditt folk Is - ra - el.
__Såsom det var av begynnelsen, nu är och skall vara, från evighet till evighet. A - men.

texte: Luc 2, musique: Winfried S. Küttner

Meine Augen haben mein Heil gesehn und in Frieden
gehe ich, o Herr.

Herre, nun lässt du deinen Diener in Frieden <u>fah</u>ren,
wie du <u>ge</u>sagt hast.
  Denn meine Augen haben deinen Heiland ge<u>seh</u>en, den
  du bereitet hast vor al<u>len</u> Völkern,
ein Licht, zu erleuchten die <u>Hei</u>den
und zum Preis deines Vol<u>kes</u> Israel.

Meine Augen haben mein Heil gesehn und in Frieden
gehe ich, o Herr.

Ehr sei dem Vater und dem Sohn und dem Heiligen
<u>Geis</u>te,
wie es war im Anfang jetzt und immerdar und in
<u>Ewig</u><u>keit</u>. Amen.

Meine Augen haben mein Heil gesehn und in Frieden
gehe ich, o Herr.

Das Apostolische Glaubensbekenntnis

Wir[4] glauben an Gott, den Vater, den Allmächtigen,
den Schöpfer des Himmels und der Erde.

Und an Jesus Christus,
seinen eingeborenen Sohn, unsern Herrn,
empfangen durch den Heiligen Geist,
geboren von der Jungfrau Maria,
gelitten unter Pontius Pilatus,
gekreuzigt, gestorben und begraben,
niedergefahren zur Hölle[5],
am dritten Tage auferstanden von den Toten,
aufgefahren in den Himmel;
er sitzt zur Rechten Gottes, des allmächtigen Vaters;
von dort wird er kommen,
zu richten die Lebenden und die Toten.

Wir glauben an den Heiligen Geist,
die heilige christliche[6] Kirche,
Gemeinde[7] der Heiligen, Vergebung der Sünden,
Auferstehung des Leibes und das ewige Leben. Amen.

---

[4] als Taufgekenntnis: Ich glaube

[5] ökumenische Form: hinabgestiegen in das Reich des Todes

[6] allgemeine: katholische

[7] ökumenisch: Gemeinschaft

Apostoliska Trosbekännelsen

Vi[8] tror på Gud, den allsmäktige Fader,
himlens och jordens skapare.

Vi tror ock på Jesus Kristus,
hans ende Son, vår Herre,
som blev till som människa genom den helige Ande,
föddes av jungfrun Maria,
led under Pontius Pilatus,
korsfästes, dog och begravdes,
steg ner till dödsriket,
uppstod från de döda på tredje dagen,
steg upp till himlen,
sitter på Guds,den allsmäktige Faderns, högra sida,
och skall komma därifrån för att döma
levande och döda.

Vi tror på den helige Ande,
den heliga, allmännelig[9] kyrka,
de heligas gemenskap, syndernas förlåtelse,
kroppens uppståndelse och det eviga liv. Amen.

---

[8] bekännelse inom dopet: "jag tror"

[9] katolsk

www.ingramcontent.com/pod-product-compliance
Lightning Source LLC
Chambersburg PA
CBHW021926170526
45157CB00005B/2201